Per a en Gabriel, amb amor

Publicat per acord amb Walker Books Ltd,
87 Vauxhall Walk, Londres, SE11 5HJ, Regne Unit

Títol original: *The Mouse Who Wasn't Scared*

Provença, 101 - 08029 Barcelona
info@editorialjuventud.es
www.editorialjuventud.es

Traducció de Maria Lucchetti

Primera edició, gener del 2018

ISBN 978-84-261-4465-2

DL B 6.786-2017
Núm. d'edició d'E. J.: 13.452

Printed in China

El ratolí que no tenia por

Petr Horáček

Editorial EJ Joventut

Un bon dia el Ratolí
va decidir jugar a explorar.
-No vagis a jugar al bosc
-li va dir el Conill-. Fa por i és
ple de bèsties grosses i aterridores.

-Jo no tinc por de res
-va dir el Ratolí-. Ni tan
sols de les bèsties grosses
i aterridores. Sóc menut,
és cert, però no m'espanta res!

El Ratolí es va endinsar en el bosc.
Es divertia saltironant
damunt dels bolets verinosos,
quan va veure algú arraulit
sota les branques.

Era un llop!

UN LLOP GROS I ATERRIDOR!

-No em fas gens de por -va dir el Ratolí-.
Vols jugar amb mi?

Però el llop
no va contestar.

Més tard, el Ratolí jugava
a amagar-se entre les ombres
quan va veure algú
assegut rere un arbre.

Era un os!

UN OS ENORME I ATERRIDOR!

-No em fas por -va dir el Ratolí-.

Vols jugar amb mi?

Però l'os no va contestar.

Després, el Ratolí
s'entretenia enfilant-se als troncs,
quan va veure algú
que treia el cap entre les fulles.

Era un ant!
UN ANT GEGANT I ATERRIDOR!
-No em fas por -va dir el Ratolí-.
Vols jugar amb mi?

Però l'ant se'l va mirar
sense dir ni piu.

"És ben divertit jugar aquí -va pensar el Ratolí-.
El Conill no tenia raó, el bosc no fa por.
Però ningú no vol jugar.
Fixa't, una caseta!
Em pregunto qui hi deu haver".

El Ratolí va avançar cap a la casa.
Què era aquell soroll
que sortia de darrere la porta?

Era un gatet.
UN GAT PETIT I AMB LLACET.
-Mèuuuu! -va miolar el gat-.
Vols jugar amb mi?

Però el Ratolí no va poder badar boca.

Va fugir de la casa cames ajudeu-me...

va passar l'os...

va passar l'ant...

va passar el llop...

... i va sortir del bosc.

-Què passa, Ratolí? -va preguntar el Conill-. Tens por de les bèsties grosses i aterridores?

–No! –va dir el Ratolí–. Les bèsties grosses i aterridores no m'espanten. Les que em fan por són les bèsties petites i amb llacets!